EINFACH GUT

Marlies Sauerborn (Hrsg.)

Pizza

FALKEN

Inhalt

Zu diesem Buch

Längst hat sie, über alle Grenzen hinweg, den Norden Europas erobert – die Pizza als kulinarischer Wegbereiter für mediterrane Genüsse, der Italienliebhaber und -urlauber in schönen Erinnerungen schwelgen läßt. Ein einfacher Teigboden, belegt mit den vielfältigsten Zutaten, deren Geschmack sich im heißen Backofen harmonisch miteinander verbindet, zeigt, daß es keines großen Aufwandes bedarf, der Familie oder den Freunden eine leckere Mahlzeit zu servieren.
Pizza ist ein beliebtes Gästeessen. Sie läßt sich gut vorbereiten, ist schnell zubereitet, und sie schmeckt in fröhlicher Runde noch mal so gut. Wenn aber einmal etwas übrigbleibt, läßt sie sich problemlos einfrieren und bei Bedarf im Backofen wieder aufbacken oder im Mikrowellenherd aufwärmen.
Als Pizzabelag eignet sich fast alles. Tomaten, Käse und Kräuter gehören zu den Grundzutaten, die jedoch nach Geschmack variiert und ergänzt werden können. Selbst Gemüse- und Fleischreste kommen auf einer Pizza noch einmal zu Ehren. Phantasie und Experimentierfreude sind also gefragt. Und für Grundrezepte, Anregungen und Vorschläge sorgt dieses Buch mit einer reichen Auswahl an schmackhaften Gerichten.

Zu jedem Rezept finden Sie eine Geschmackscharakteristik, Kalorienangaben und einen Hinweis zum erforderlichen Zeitaufwand. Wir rechnen:
Schnell = Zubereitungszeit bis zu 1/2 Stunde,
Braucht Zeit = Zubereitungszeit von 1/2 bis 1 1/2 Stunden,
Zeitintensiv = Zubereitungszeit mehr als 1 1/2 Stunden.

Die Zubereitungszeit beinhaltet sämtliche Vorbereitungs- und Garzeiten. Back- und Temperaturangaben beziehen sich auf einen Elektroherd. Bei der Zubereitung gehen wir davon aus, daß Gemüse und Kräuter geputzt und gewaschen sind. Daher werden diese Arbeitsgänge in den Rezepten nicht mehr eigens erwähnt.

Abkürzungen:

EL = Eßlöffel (gestrichen)
TL = Teelöffel (gestrichen)
Msp. = Messerspitze
TK = Tiefkühl-...
l = Liter
ml = Milliliter = (1/1000 l)
kg = Kilogramm
g = Gramm
P. = Päckchen
kcal = Kilokalorien
ca. = circa
Min. = Minute(n)
Std. = Stunde(n)

Die Rezepte sind für **4 Personen** berechnet.
Die **Kalorienangaben** beziehen sich immer auf **1 Portion.**

SCHNELL
KNUSPRIG

TEIGE UND SAUCEN

Die Grundlage einer guten Pizza ist der Teigboden. Ursprünglich entstanden aus einem Fladenbrot, das erfinderische Italiener mit verschiedenen Zutaten belegten, besteht der Pizzaboden auch heute noch meist aus einem Hefe- oder Brotteig. Aber auch salziger Mürbeteig oder Blätterteig und sogar Nudelteig eignen sich zur Zubereitung. Sie finden hier verschiedene Teige, auf die in den Rezepten jeweils hingewiesen wird.
Das Zweitwichtigste ist die Sauce, die die Pizza saftig macht und ihr zusätzlichen Wohlgeschmack verleiht. Auch hier finden Sie einige Grundsaucen, die durchaus auch auf Vorrat zubereitet und eingefroren werden können.

Hefeteig

- Zubereitungszeit: ca. 1/2 Std.
- Zeit zum Gehen: ca. 1 Std.
- ca. 450 kcal je Portion

400 g Mehl
30 g Hefe, 1 EL Zucker
1/4 l lauwarmes Wasser
1 TL Salz
2 EL Öl

1. Aus Mehl, Hefe, Zucker, Wasser, Salz und Öl einen Hefeteig herstellen und an einem warmen Ort 1/2 Stunde gehen lassen.

2. Den Teig zu 1 großen oder 4 kleinen Kugeln formen, kreuzweise einschneiden, mit etwas Mehl bestäuben und noch mal 1/2 Stunde gehen lassen.

3. Den Backofen auf 220 °C vorheizen. Die Teigkugeln noch mal gut durcharbeiten, ausrollen und zu 1 großen oder 4 kleinen Fladen ausrollen. Eine Pizzaform oder ein Backblech gut einfetten, den Teig darauflegen, den Rand leicht nach oben drücken und je nach Geschmack mit Zutaten belegen. Im Backofen 20 bis 25 Minuten backen.

Hefeteig mit Kümmel

- Zubereitungszeit: ca. 1 Std.
- Zeit zum Gehen: ca. 1/2 Std.
- ca. 450 kcal je Portion

500 g Mehl, 150 ml Milch
100 g Butter, 30 g Hefe
2 Eigelb, 1 TL Salz
1 TL gemahlener Kümmel

1. Mehl in eine Schüssel sieben. Milch und Butter erwärmen, die Hefe hineinbröckeln, zum Teig geben. Mit den Eigelben, dem Salz und dem Kümmel zu einem glatten Teig verarbeiten.

2. 1 oder 4 Kugeln formen, mit einem Messer über Kreuz einschneiden, mit Mehl bestäuben und etwa 1/2 Stunde an einem warmen Ort gehen lassen.

3. Nochmals gut durcharbeiten und entweder zu 1 großen dünnen oder zu 4 kleinen Fladen ausrollen. Den Backofen auf 220 °C vorheizen. Ein Backblech oder eine Pizzaform einfetten, den Teig darauflegen, den Rand nach oben drücken. Je nach Geschmack belegen und etwa 20 bis 25 Minuten backen.
(auf dem Foto unten: rechts)

BRAUCHT ZEIT
PIKANT

Gebröselter Hefeteig

- Zubereitungszeit: ca. 1/2 Std.
- Zeit zum Gehen: ca. 1/2 Std.
- ca. 660 kcal je Portion

400 g Mehl, 1 P. Trockenhefe
1 1/2 TL Salz, 1 EL Zucker
100 g Butter oder Margarine
150 ml lauwarme Milch
2 EL Olivenöl

1. Mehl auf eine Arbeitsfläche sieben, Hefe, Salz und Zucker in eine Mulde streuen. Butter in Flöckchen auf das Mehl setzen. Teig mit den Händen abbröseln.

2. Milch und Öl dazugeben und alles zu einem glatten Teig kneten. Entweder zu einer Kugel oder zu runden Fladen in Größe eines Backblechs formen, mit Mehl bestäuben.

3. Ein Backblech oder eine Pizzaform einfetten, den Teig darauflegen, die Ränder nach oben drücken und die Oberfläche mehrmals mit der Gabel einstechen. Mit beliebigen Zutaten belegen und backen.
(auf dem Foto unten: links)

SCHNELL
KROSS

Mürbeteig

- Zubereitungszeit: ca. 1/4 Std.
- Ruhezeit: ca. 1 Std.
- ca. 720 kcal je Portion

400 g Mehl
1 TL Backpulver
1 TL Salz
150 g Butter oder Margarine
2 Eier

1. Aus den Zutaten einen kompakten Teig arbeiten. In ein feuchtes Tuch wickeln und im Kühlschrank mindestens 1 Stunde ruhen lassen.

2. Entweder zu runden Fladen oder auf die Größe eines Backblechs ausrollen. Den Backofen auf 220 °C vorheizen. Ein Backblech einfetten, den Teig darauflegen, die Oberfläche mit der Gabel mehrmals einstechen und nach Belieben belegen. Etwa 20 bis 25 Minuten backen.

SCHNELL · MÜRB

Mürbeteig mit Zitrone

- Zubereitungszeit: ca. 1/4 Std.
- Ruhezeit: ca. 1 Std.
- ca. 720 kcal je Portion

400 g Mehl
1 TL Backpulver
70 g Butter, 2 Eier
1 TL geriebene Schale einer unbehandelten Zitrone
75 ml Milch
2 cl Amaro Siciliano (Averna)
1 Prise Salz

1. Aus den Zutaten einen glatten Teig arbeiten. 1 Stunde im Kühlschrank ruhen lassen.

2. Nochmals gut durchkneten, entweder 1 großen dünnen oder 4 kleine Fladen ausrollen. Ein Backblech oder eine Pizzaform einfetten und den Teig daraufgeben, die Ränder nach oben drücken. Den Backofen auf 220 °C vorheizen. Mit einer Gabel die Oberfläche mehrmals einstechen.

3. Je nach Geschmack belegen und 20 bis 25 Minuten backen.

Nudelteig

- Zubereitungszeit: ca. 1/4 Std.
- Ruhezeit: ca. 1/2 Std.
- ca. 570 kcal je Portion

400 g Weizenmehl
4 Eier
1 Prise Salz
1 Prise Muskat
1 TL Oregano
1 TL Basilikum
2–3 EL Olivenöl

1. Aus den Zutaten einen kompakten Teig arbeiten. Im Kühlschrank 1/2 Stunde ruhen lassen.

2. Den Backofen auf 220 °C vorheizen. Den Teig entweder zu 1 großen oder zu 4 kleinen Fladen ausrollen. Ein Backblech oder eine Pizzaform einfetten und den Teig daraufgeben, den Rand nach oben drücken und die Oberfläche mit der Gabel einstechen.

3. Je nach Geschmack belegen und etwa 20 bis 25 Minuten backen.

Brotteig

- Zubereitungszeit: ca. 1/2 Std.
- Zeit zum Gehen: ca. 1 Std.
- ca. 530 kcal je Portion

250 g Weizenmehl (Type 550)
250 g Weizenmehl (Type 1050)
1 P. Trockenhefe
je 1 TL Salz und Zucker
1 Msp. Kümmel, gemahlen
1 Msp. Koriander, gemahlen
15 g Schweineschmalz
2 Eier

1. Mehl in eine Schüssel geben, Hefe, Gewürze und Schmalz untermischen. 1/4 l lauwarmes Wasser und Eier dazugeben und alles zu einem Teig schlagen. 1/2 Stunde gehen lassen.

2. Noch mal durchschlagen und 1/2 Stunde gehen lassen. Auf einer bemehlten Arbeitsfläche durchkneten und ausrollen.

3. Den Backofen auf 220 °C vorheizen. Ein Backblech oder eine Pizzaform einfetten, den Teig darauflegen, Rand nach oben drücken und Oberfläche mehrmals mit der Gabel einstechen. Nach Belieben belegen und 20 bis 25 Minuten backen.

SCHNELL · PIKANT

Tomatensauce

- Zubereitungszeit: ca. 20 Min.
- ca. 160 kcal je Portion

4 EL Olivenöl
1 TL Salz
2 Knoblauchzehen
1 feingehackte Zwiebel
75 ml Weißwein
1 große Dose Tomaten (850 ml)
Salz, frisch gemahlener Pfeffer
1 Prise Zucker
1 TL Oregano
1 TL Basilikum
1 Prise Speisewürze

1. Das Öl erhitzen. Die Knoblauchzehen mit Salz zerreiben und darin anschwitzen. Die Zwiebel dazugeben und glasig schwitzen, mit Weißwein ablöschen und mit den Tomaten auffüllen.

2. Mit Gewürzen und Kräutern abschmecken und alles so lange einkochen, bis eine sämige Sauce entstanden ist.

SCHNELL · AROMATISCH

Basilikumsauce

- Zubereitungszeit: ca. 20 Min.
- ca. 90 kcal je Portion

4 EL Olivenöl
2 Knoblauchzehen, 1 TL Salz
1 TL gerebeltes Basilikum
1 gehackte Zwiebel
1 TL geriebene Schale einer unbehandelten Zitrone
600 g Tomaten, enthäutet
Salz, frisch gemahlener Pfeffer
1 Prise Zucker
1 Msp. Cayennepfeffer
1 Prise Speisewürze
2 EL gehacktes frisches Basilikum

1. Das Öl in einer Pfanne erhitzen, die Knoblauchzehen mit Salz zerreiben und darin anschwitzen. Das getrocknete Basilikum mit der Zwiebel und der Zitronenschale dazugeben und glasig schwitzen.

2. Die Tomaten grob hacken, zu den Zwiebeln geben und köcheln lassen, bis eine sämige Sauce entstanden ist. Mit den Gewürzen abschmecken. Den Topf vom Herd nehmen und das frische Basilikum unter die Sauce ziehen.

Schinkensauce

- Zubereitungszeit: ca. 3/4 Std.
- ca. 360 kcal je Portion

4 EL Olivenöl
1 gehackte Zwiebel
100 g Parmaschinken in Streifen
100 g frische Champignons in Würfeln
150 ml Weißwein
1 kleine Dose Tomaten (315 ml)
200 g Crème fraîche
Salz, frisch gemahlener Pfeffer
1 Prise Muskat
1 EL Schnittlauchröllchen
1 EL gehackte Petersilie
1 TL Speisestärke

1. Das Öl erhitzen, die Zwiebel darin glasig schwitzen. Den Schinken und die Champignons dazugeben, kurz mitschwitzen. Mit Weißwein ablöschen, mit den Tomaten auffüllen und zu einer sämigen Sauce verkochen.

2. Die restlichen Zutaten darunterziehen und abschmecken. Die Speisestärke mit etwas Wasser anrühren und die Sauce damit binden.

Hackfleischsauce

- Zubereitungszeit: ca. 3/4 Std.
- ca. 340 kcal je Portion

4 EL Olivenöl
2 gehackte Knoblauchzehen
250 g gemischtes Hackfleisch
1 gewürfelte Zwiebel
1 gewürfelte Karotte
1 Stange Lauch in Ringen
2 EL Tomatenmark
1 kleine Dose geschälte Tomaten
Salz, frisch gemahlener Pfeffer
1 Prise Zucker
1 TL Basilikum
1 TL Oregano
1 TL Speisestärke
1 EL gehackte Zitronenmelisse

1. Das Öl erhitzen, Knoblauchzehen und Hackfleisch scharf darin anbraten. Das Gemüse dazugeben und mitschwitzen. Tomatenmark und Tomaten daruntermischen. 15 bis 20 Minuten köcheln lassen.

2. Abschmecken, die Speisestärke mit etwas Wasser anrühren und die Sauce damit binden. Die Melisse darunterziehen.

PIZZA MIT FLEISCH UND GEFLÜGEL

Pizza Salami ist ein gängiger Begriff. Pizza mit Fleisch oder Geflügel ist da schon etwas ausgefallener – aber nicht weniger schmackhaft. Probieren Sie es aus. Es macht etwas mehr Mühe und erfordert etwas mehr Vorbereitung, doch das Ergebnis kann sich sehen bzw. schmecken lassen.

Pizza mit Salami und Schinken

- Zubereitungszeit: ca. 1 Std.
- ca. 840 kcal je Portion
- Dazu paßt ein trockener Rotwein

1 Rezept Hefeteig (S. 4)
100 g deutsche Salami
150 g gekochter Schinken
1 rote Paprikaschote
1 grüne Paprikaschote
1 Knoblauchzehe
100 g Tomatenmark
4 Tomaten aus der Dose
100 g Champignons
100 g mit Paprika gefüllte Oliven
50 g schwarze Oliven
frisch gemahlener Pfeffer
gerebeltes Basilikum
gerebelter Oregano
200 g geriebener Emmentaler (45 % Fett)

1. Den Hefeteig wie auf Seite 4 beschrieben herstellen und ausrollen. Den Backofen auf 220 °C vorheizen. Eine Pizzabackform oder ein Backblech einfetten. Die Salami und den Schinken in breite Streifen schneiden. Die Paprikaschoten halbieren, entkernen und das Fruchtfleisch würfeln.

2. Die Knoblauchzehe zerdrücken und mit dem Tomatenmark und den Tomaten verrühren. Die Champignons mit einem feuchten Tuch abreiben und in Scheiben schneiden.

3. Die Tomatenpaste gleichmäßig auf den ausgerollten Teigboden streichen. Salami, Schinken, Gemüse und Oliven verteilen und alles mit Salz, Pfeffer, Basilikum und Oregano würzen. Den Käse darüberstreuen.

4. Die Pizza etwa 20 bis 25 Minuten backen und heiß servieren.

BRAUCHT ZEIT
KROSS

Bauernpizza

- Zubereitungszeit: ca. 2 Std.
- ca. 1200 kcal je Portion
- Dazu paßt ein Glas trockener Weißwein

1 Rezept Brotteig (S. 7)
1 Rezept Basilikumsauce (S. 8)
4 enthäutete Tomaten
Salz, frisch gemahlener Pfeffer
je 1 TL Basilikum und Oregano
100 g geräucherter Speck
2 EL Olivenöl
1 Hähnchenbrustfilet
1 gehackte Zwiebel
je 1 rote und 1 grüne Paprikaschote, in Streifen
1 Bund Frühlingszwiebeln in Streifen
100 g Champignons in Scheiben
150 ml Weißwein
Saft von 1 Zitrone
200 g geschnittener Mozzarella
50 g geriebener Emmentaler

1. Den vorbereiteten Teig mit der Basilikumsauce bestreichen, die Tomaten in Scheiben schneiden und darauflegen. Mit Salz, Pfeffer, Basilikum und Oregano bestreuen.

2. Den Speck würfeln und in Öl auslassen. Die Hähnchenbrust in Streifen schneiden und mitbraten. Das Gemüse dazugeben und mitschwitzen.

3. Mit Weißwein ablöschen, mit Zitronensaft aromatisieren, salzen, pfeffern und 10 Minuten köcheln lassen. Die Geflügel-Gemüse-Mischung vom Herd nehmen, erkalten lassen und auf den Tomaten anrichten.

4. Den Backofen vorheizen. Die Pizza mit Mozzarella belegen und mit dem Emmentaler bestreuen. Im Backofen etwa 20 bis 25 Minuten backen.

Pizza Peppino

- Zubereitungszeit: ca. 2 Std.
- ca. 990 kcal je Portion
- Dazu paßt Radicchiosalat

1 Rezept Brotteig (S. 7)
4 enthäutete Tomaten
2 Zwiebeln
je 1 rote und 1 grüne Paprikaschote
2 EL Butter oder Margarine
200 g gekochter Schinken
1 kleine Dose Champignons
100 g Krabben oder Krevetten
Salz, frisch gemahlener Pfeffer
1 Prise Muskat
200 g geriebener Emmentaler
2 EL Schnittlauchröllchen

1. Den Teig wie auf Seite 7 beschrieben vorbereiten. Die Tomaten in Scheiben schneiden und den Teig damit belegen.

2. Die Zwiebeln und die Paprikaschoten in Ringe schneiden und in der Butter anschwitzen. Den Schinken in Streifen schneiden und mit den Champignons und den Krevetten zum Gemüse geben und kurz mitschwitzen.

3. Mit Salz, Pfeffer und Muskat abschmecken, erkalten lassen und dekorativ auf den Tomaten anrichten.

4. Die Pizza mit dem Emmentaler bestreuen und 15 bis 20 Minuten backen, mit Schnittlauch bestreut servieren.

Brotpizza

- Zubereitungszeit: ca. 2 Std.
- ca. 1000 kcal je Portion
- Dazu paßt kalter Braten

1 Rezept Brotteig (S. 7)
2 EL Butter oder Margarine
100 g roher Schinken
4 Knoblauchzehen
50 g gefüllte Oliven
150 ml Olivenöl
2 Eigelb
1 EL Kümmel
grobes Salz nach Belieben
1 EL Koriander

1. Den Brotteig wie auf Seite 7 beschrieben herstellen. Den Backofen auf 220 °C vorheizen.

2. Den Schinken und die Knoblauchzehen in Stifte schneiden und mit den Oliven in den Teig stecken. Mit dem Öl bestreichen und die Pizza 20 Minuten backen.

3. 5 Minuten vor Ende der Garzeit den Teig mit dem Eigelb bestreichen und mit den Gewürzen bestreuen. Warm oder kalt servieren.

Pizza mit vier Käsesorten

- Zubereitungszeit: ca. 1 1/2 Std.
- ca. 1170 kcal je Portion
- Dazu paßt ein Glas herber Weißwein

1 Rezept Mürbeteig (S. 6)
4 EL Tomatenmark
8 gehäutete Tomaten in Scheiben
250 g gekochter Schinken
1 kleine Dose Champignons
20 grüne Oliven
Salz, frisch gemahlener Pfeffer
2 EL frisch gehackter Oregano
je 50 g Gorgonzola, Bel Paese,
Mozzarella und Pecorino, gerieben

1. Den Teigboden auf 4 Pizzaformen verteilen, gleichmäßig mit dem Tomatenmark bestreichen und mit den Tomaten belegen. Den Backofen auf 220 °C vorheizen.

2. Den Schinken in Streifen, die Pilze in Scheiben schneiden und auf der Pizza verteilen. Die Oliven entkernen und darübergeben.

3. Mit Gewürzen und Käse bestreuen, 15 bis 20 Minuten backen und sofort servieren.

Würstelpizza

- Zubereitungszeit: ca. 1¼ Std.
- ca. 1160 kcal je Portion
- Dazu paßt ein kühles Bier

1 Rezept gebröselter Hefeteig (S. 5)
4 enthäutete Tomaten in Scheiben
2 Paar Wiener Würstchen
je 1 Paar Debrecziner und Landjäger
je 1 rote und 1 grüne Paprikaschote
1 gehackte Zwiebel
je 1 TL Majoran und Thymian
1 kleines Glas Essiggemüse
200 g geriebener Emmentaler
2 EL Schnittlauchröllchen

1. Den vorbereiteten Teig mit der Tomatensauce bestreichen und mit den Tomaten belegen.

2. Die Würstchen in Scheiben und die Paprikaschoten in Streifen schneiden. Mit der Zwiebel auf die Tomaten geben, mit Majoran und Thymian bestreuen. Den Backofen auf 220 °C vorheizen.

3. Das Essiggemüse abtropfen lassen und dekorativ auf der Pizza verteilen, alles mit Käse bestreuen. Die Pizza 15 bis 20 Minuten backen. Mit Schnittlauch bestreuen.

Salamipizza

- Zubereitungszeit: ca. 2 Std.
- ca. 1090 kcal je Portion
- Dazu paßt trockener Rotwein

je 2 EL Tomatenmark und Rotwein
1 gehackte Knoblauchzehe
1 Rezept Brotteig (S. 7)
je 1 TL Basilikum und Oregano
200 g Mailänder Salami
4 gehäutete Tomaten in Scheiben
4 hartgekochte Eier in Scheiben
einige Sardellenfilets und schwarze Oliven
1 kleine Dose Champignons
eingelegte Pfefferschoten
200 g geschnittener Mozzarella
50 g geriebener Parmesan
2 EL Schnittlauchröllchen

1. Tomatenmark mit Rotwein, Knoblauch und Gewürzen verrühren und auf den Teig streichen. Mit Salami, Tomaten, Eiern, Sardellen, Oliven, Champignons, Pfefferschoten belegen.

2. Pizza mit Mozzarella belegen und mit Parmesan bestreuen, im vorgeheizten Backofen 15 bis 20 Minuten backen, mit Schnittlauch bestreuen.

Gourmetpizza

- Zubereitungszeit: ca. 2 Std.
- ca. 910 kcal je Portion
- Dazu paßt eine bunte Salatplatte

1 Rezept Hefeteig (S. 4)
1 Rezept Tomatensauce (S. 8)
400 g Rinderfiletspitzen, geschnetzelt
4 EL Olivenöl
1 gewürfelte Zwiebel
100 g Champignons in Scheiben
2 Essiggurken in Scheiben
100 g rote Bete in Scheiben
1 EL grüne Pfefferkörner
Salz, frisch gemahlener Pfeffer
1 Msp. Cayennepfeffer
2 cl Weinbrand
200 g Crème fraîche
1 kleines Glas Mixed Pickles
200 g Bel Paese, gerieben

1. Den Teig vorbereiten und mit der Tomatensauce bestreichen.

2. Die Filetspitzen im Öl scharf anbraten, herausnehmen und erkalten lassen.

3. Zwiebeln, Champignons, Essiggurken, rote Bete im verbliebenen Bratfett anschwitzen. Würzen und mit Weinbrand und Crème fraîche auffüllen, 5 Minuten köcheln lassen. Den Backofen auf 220 °C vorheizen.

4. Die Zutaten auf den Pizzas verteilen, mit Bel Paese bestreuen und 15 bis 20 Minuten backen.

Pizza Capricciosa

- Zubereitungszeit: ca. 1 1/4 Std.
- ca. 910 kcal je Portion
- Dazu paßt ein Glas Chianti Classico

1 Rezept Hefeteig (S. 4)
500 g vollreife Tomaten
250 g gekochter Schinken in Scheiben
4 eingelegte Sardellenfilets
8 in Öl eingelegte Artischockenherzen
4 EL Olivenöl
150 g schwarze Oliven
etwas Salz
etwas schwarzer Pfeffer aus der Mühle
1 EL Olivenöl für das Backblech

1. Den Teig wie beschrieben vorbereiten. Die Tomaten in kochendem Wasser kurz überbrühen, kalt abschrecken, enthäuten, vierteln, entkernen und der Länge nach in Streifen schneiden. Den Schinken in fingerbreite Streifen schneiden.

2. Die Sardellen in kleine Stücke schneiden. Die Artischockenherzen vierteln. Den Backofen auf 220 °C vorheizen und ein Backblech mit Olivenöl bestreichen.

3. Den Teig auf einer bemehlten Arbeitsfläche auf Backblechgröße auswellen und auf das Backblech setzen. Die Teigränder etwas hochziehen und den Teigboden mehrmals mit einer Gabel einstechen.

4. Das Ganze mit etwa 2 Eßlöffeln Öl bestreichen und mit Tomatenstreifen, Schinken, Sardellen, Artischocken und Oliven gleichmäßig belegen.

5. Den Belag leicht salzen und pfeffern und mit dem restlichen Öl beträufeln. Die Pizza auf der unteren Schiene in etwa 25 Minuten knusprig backen.

Pizza Speciale

- Zubereitungszeit: ca. 1 1/4 Std.
- ca. 1340 kcal je Portion
- Dazu paßt Kopfsalat

1 Rezept Nudelteig (S. 7)
1 Rezept Schinkensauce (S. 9)
50 g geräucherter Speck
2 EL Butter oder Margarine
1 gehackte Zwiebel
1 Dose Mischpilze
Salz, frisch gemahlener Pfeffer
1 Prise Muskat
100 g Muschelfleisch
100 g Krevetten
1 Zucchino in Scheiben
1 Paprikaschote in Streifen
1 Glas Artischocken
100 g Mailänder Salami
100 g Parmaschinken
gefüllte Oliven
1 TL Basilikum
1 TL Oregano
200 g geschnittener Mozzarella

1. Den Teig wie auf Seite 7 beschrieben vorbereiten und mit der Schinkensauce bestreichen. Den Speck kleinschneiden und in der Butter auslassen, die Zwiebel darin glasig schwitzen, die Mischpilze dazugeben, würzen und den Topf vom Herd nehmen.

2. Den Backofen auf 220 °C vorheizen. Alle Zutaten auf der Pizza dekorativ anrichten, salzen, pfeffern und mit den Kräutern bestreuen.

3. Die Pizza mit dem Mozzarella belegen und 15 bis 20 Minuten backen.

Pilzpizza

- Zubereitungszeit: ca. 1½ Std.
- ca. 940 kcal je Portion
- Dazu paßt Tomatensalat

1 Rezept Nudelteig (S. 7)
2 EL Butter oder Margarine
100 g durchwachsener, geräucherter Speck
1 Knoblauchzehe, Salz
1 Zwiebel
150 g frische Steinpilze
150 g frische Pfifferlinge
4 Tomaten
100 g gekochter Schinken
2 EL gehackte Petersilie
2 EL gehackter Schnittlauch
frisch gemahlener Pfeffer
1 Prise Muskat
200 g Mozzarella

1. Den Nudelteig wie auf Seite 7 beschrieben vorbereiten. Die Butter erhitzen, den Speck würfeln und darin auslassen. Den Knoblauch mit Salz zerreiben und kurz mitbraten. Die Zwiebel fein hacken und mitbraten. Die Pilze hinzufügen.

2. Die Tomaten brühen, enthäuten, würfeln und dazugeben. Den Schinken in Streifen schneiden und mitschwitzen. Alles kräftig durchschwenken und vom Herd nehmen.

3. Die Kräuter darüberstreuen, alles mit Salz, Pfeffer und Muskat abschmecken. Den Backofen auf 220 °C vorheizen. Den Teig ausrollen und auf 4 Pizzaformen verteilen. Die Pilzmischung darauf verteilen, den Mozzarella in Scheiben schneiden und darübergeben. Die Pizza im Backofen 15 bis 20 Minuten backen.

Schinkenpizza

- Zubereitungszeit: ca. 2 Std.
- ca. 1420 kcal je Portion
- Dazu paßt ein Glas kräftiger Rotwein

1 Rezept Hefeteig (S. 4)
1 Rezept Hackfleischsauce (S. 9)
4 enthäutete Tomaten
100 g gekochter Schinken in Streifen
4 EL gemischte Oliven
1 kleine Dose Artischocken
100 g geräucherter Speck
2 EL Olivenöl
1 Bund Frühlingszwiebeln in Würfeln
250 g frische Pfifferlinge
Salz, frisch gemahlener Pfeffer
2 EL gehackte Zitronenmelisse
200 g Mozzarella in Scheiben
50 g geriebener Parmesan
2 EL Schnittlauchröllchen

1. Den Teig wie auf Seite 4 beschrieben vorbereiten und mit der Hackfleischsauce bestreichen. Die Tomaten in Scheiben schneiden, mit dem Schinken, den Oliven und den Artischocken auf den Pizzas anrichten.

2. Den Speck klein würfeln, in Öl auslassen. Die Frühlingszwiebeln und die Pfifferlinge dazugeben, kurz mitschwitzen, mit Salz und Pfeffer kräftig würzen. Die Zitronenmelisse unterziehen, die Pilzmischung vom Herd nehmen und abkühlen lassen.

3. Den Backofen auf 220 °C vorheizen. Die Pilze auf den Pizzas verteilen, diese mit Mozzarella belegen, mit Parmesan bestreuen und 15 bis 20 Minuten backen. Mit Schnittlauch bestreut servieren.

Pizza »Vier Jahreszeiten«

- Zubereitungszeit: ca. 1 1/4 Std.
- ca. 1170 kcal je Portion
- Dazu paßt ein herber Rotwein

1 Rezept gebröselter Hefeteig (S. 5)
4 EL Tomatenmark
1 EL Oregano
6 EL geriebener Parmesan
8 Tomaten
100 g Krevetten
100 g Muschelfleisch
100 g gekochter Schinken in Streifen
100 g Salami
1 kleine Dose Champignons
je 1/2 rote und grüne Paprikaschote in Streifen
Salz, frisch gemahlener Pfeffer
200 g Mozzarella

1. Den Hefeteig wie auf Seite 5 beschrieben ausrollen und mit Tomatenmark gleichmäßig bestreichen, mit Oregano und Parmesan bestreuen.

2. Den Backofen auf 220 °C vorheizen. Die Tomaten brühen, enthäuten, in Scheiben schneiden und auf den Teig legen.

3. Krevetten, Muscheln, Schinken, Salami, Champignons und Paprikaschoten über die Tomaten verteilen, mit Salz und Pfeffer würzen. Die Pizza mit dem Mozzarella belegen und 15 bis 20 Minuten backen.
(auf dem Foto oben)

Pizza »Mamma Lucia«

- Zubereitungszeit: ca. 1 1/2 Std.
- ca. 950 kcal je Portion
- Dazu paßt gemischter Salat

1 Rezept Hefeteig (S. 4)
300 g gemischtes Hackfleisch
2 EL Olivenöl
1 Zwiebel
2 Knoblauchzehen
3 EL Tomatenmark
150 ml Weißwein
2 EL gehackter Oregano
1 TL Salz, frisch gemahlener weißer Pfeffer
1 Prise Paprika
4 Tomaten
400 g blanchierte Brokkoliröschen
200 g geriebener Stracchino

1. Den Hefeteig wie auf Seite 4 beschrieben vorbereiten. Das Hackfleisch in Öl scharf anbraten. Die Zwiebel und die Knoblauchzehen fein hacken und mitschwitzen.

2. Das Tomatenmark darunterrühren und mit dem Weißwein ablöschen. Zugedeckt 10 Minuten köcheln lassen.

3. Den Oregano darunterziehen, die Sauce mit Salz, Pfeffer und Paprika abschmecken. Den Backofen auf 220 °C vorheizen. Den Teig ausrollen. Die Tomaten brühen, enthäuten und in Scheiben schneiden, mit den Brokkoliröschen auf dem Teig verteilen. Die Hackfleischsauce darübergießen.

4. Die Pizza mit Käse bestreuen und 20 bis 25 Minuten backen.
(auf dem Foto unten)

BRAUCHT ZEIT · HERZHAFT

Pizza Bolognese

- Zubereitungszeit: ca. 2 Std.
- ca. 1380 kcal je Portion
- Dazu paßt ein gemischter Blattsalat

1 Rezept Mürbeteig (S. 6)
400 g gemischtes Hackfleisch
4 EL Olivenöl, 1 Zwiebel
3 Knoblauchzehen
Salz, 1 TL Paprikapulver
1 TL Curry, 1 TL Oregano
1 kleine Dose geschälte Tomaten
2 EL Tomatenmark, 1 Peperoni
frisch gemahlener Pfeffer
1 Prise Speisewürze
8 Tomaten
8 EL Zwiebackbrösel
200 g geriebener Emmentaler
2 EL feingehackte Petersilie

1. Den Mürbeteig vorbereiten. Das Hackfleisch im Öl scharf anbraten. Die Zwiebel fein hacken, die Knoblauchzehe mit Salz zerreiben und beides kurz mitbraten.

2. Mit Paprika, Curry und Oregano würzen und mit den Tomaten auffüllen. Das Tomatenmark darunterrühren, die Peperoni fein hacken und darüberstreuen, die Sauce mit Salz, Pfeffer und Speisewürze abschmecken.

3. Die Sauce so lange kochen, bis sie sämig ist. Inzwischen die Tomaten brühen, enthäuten und in Scheiben schneiden. Den Teig ausrollen und auf 4 Pizzaformen verteilen. Mit den Zwiebackbröseln und den Tomaten belegen.

4. Den Backofen auf 220 °C vorheizen. Die Hackfleischsauce darübergeben und die Pizzas mit dem Käse bestreuen. Die Pizzas 15 bis 20 Minuten backen. Mit Petersilie bestreuen und servieren.

Kartoffel-Salami-Pizza

- Zubereitungszeit: ca. 2 ¼ Std.
- ca. 980 kcal je Portion
- Dazu paßt ein Glas Barolo

1 kg festkochende Kartoffeln
etwas Salz, 1 große Zwiebel
2 EL Butter, 1 frisches Ei
200 g Weizenmehl, 50 g saure Sahne
1 Prise frisch geriebene Muskatnuß
etwas Butter und Mehl für das Backblech
150 g Tomatenketchup
2 durchgepreßte Knoblauchzehen
3 EL Olivenöl, etwas Salz
2 EL frisch gehacktes Basilikum
etwas schwarzer Pfeffer
50 g grüne Oliven, halbiert
200 g dünn geschnittene Salami
250 g Mozzarella in Scheiben

1. Die Kartoffeln in reichlich Salzwasser gar kochen. Die Zwiebel fein würfeln und in der heißen Butter goldgelb dünsten.

2. Den Backofen auf 210 °C vorheizen. Die Kartoffeln durch eine Presse drücken, mit Ei, Mehl, Sahne und den Zwiebelwürfeln zu einem geschmeidigen Teig verarbeiten, mit Salz und Muskatnuß abschmecken.

3. Ein Backblech mit Butter bestreichen und mit Mehl bestäuben. Den Teig auf das Blech geben und mit einem angefeuchteten Teigschaber glattstreichen. Den Teig auf der mittleren Schiene etwa 25 Minuten vorbacken.

4. Tomatenketchup, Knoblauch, Öl und Basilikum verrühren und mit Salz und Pfeffer abschmecken. Den Kartoffelteigboden mit der Tomatensauce bestreichen, mit Oliven, Salami und Mozzarella gleichmäßig belegen und auf mittlerer Schiene in etwa 20 Minuten fertigbacken

Pizza aus Parma

- Zubereitungszeit: ca. 1¾ Std.
- ca. 1260 kcal je Portion
- Dazu paßt italienischer Salat

1 Rezept Mürbeteig (S. 6)
1 Rezept Tomatensauce (S. 8)
4 enthäutete Tomaten
100 g Parmaschinken
1 kleines Glas Artischocken
1 Zucchino in Scheiben
1 kleine Dose Champignonköpfe
einige eingelegte Pfefferschoten
1 TL Basilikum
1 TL Oregano
40 g geriebener Parmesan

1. Den Teig wie auf Seite 6 beschrieben vorbereiten, zu einem Fladen ausrollen, mit der Tomatensauce bestreichen, die Tomaten in Scheiben schneiden und darauf verteilen.

2. Den Parmaschinken, die Artischockenherzen und den Zucchino auf der Pizza verteilen. Den Backofen auf 220 °C vorheizen. Die Champignonköpfe halbieren und mit den Pfefferschoten auf die Pizza legen. Mit Basilikum und Oregano bestreuen.

3. Die Pizza mit Parmesan bestreuen und 15 bis 20 Minuten backen.

Pizza Amalfi

- Zubereitungszeit: ca. 2 Std.
- ca. 1030 kcal je Portion
- Dazu paßt ein gemischter Salat

1 Rezept Brotteig (S. 7)
2 EL Butter oder Margarine
2 Zwiebeln
250 g gekochter Schinken
1 EL Oregano
Salz, frisch gemahlener Pfeffer
4 EL Tomatenmark
8 große Tomaten
1 Glas Sardellenfilets
20 schwarze Oliven
200 g Mozzarella
2 EL gehackte Petersilie

1. Den Teig wie beschrieben vorbereiten. Die Butter erhitzen, die Zwiebel fein hacken und darin anschwitzen. Den Schinken würfeln und hinzufügen. Mit Oregano, Salz und Pfeffer abschmecken und erkalten lassen. Den Teig ausrollen und mit dem Tomatenmark bestreichen.

2. Den Backofen auf 220 °C vorheizen. Inzwischen die Tomaten brühen, enthäuten, in Scheiben schneiden und mit der Schinken-Zwiebel-Mischung, den Sardellenfilets und den Oliven auf den 4 Pizzas verteilen.

3. Den Mozzarella in Scheiben schneiden, die Pizzas damit belegen und etwa 20 Minuten backen. Mit Petersilie bestreuen.

Pizza Napoletana

- Zubereitungszeit: ca. 3/4 Std.
- ca. 1430 kcal je Portion
- Dazu paßt trockener Weißwein

1 Rezept Hefeteig (S. 4)
4 EL Tomatenmark
4 Tomaten
4 hartgekochte Eier
100 g gekochter Schinken
50 g Sardellenfilets
50 g schwarze Oliven
Salz, frisch gemahlener Pfeffer
1 TL gerebelter Oregano
1 TL gehacktes Basilikum
200 g Mozzarella

1. Den Hefeteig wie beschrieben vorbereiten, 4 Pizzaböden ausrollen, mit Tomatenmark bestreichen. Die Tomaten und die Eier in Scheiben schneiden und auf den Teig legen.

2. Die Sardellenfilets und die schwarzen Oliven dekorativ darauf anrichten. Den Backofen auf 220 °C vorheizen. Die Pizzas mit Salz, Pfeffer, Oregano und Basilikum bestreuen. Den Mozzarella in dünne Scheiben schneiden und darauflegen.

3. Die Pizzas 25 bis 30 Minuten backen.

Hähnchenpizza

- Zubereitungszeit: ca. 2 Std.
- ca. 1230 kcal je Portion
- Dazu paßt ein Glas Weißwein

1 Rezept Brotteig (S. 7)
1 Rezept Tomatensauce (S. 8)
2 Hähnchenbrustfilets
Salz, 2 Knoblauchzehen
3 EL Olivenöl
1 rote Paprikaschote in Streifen
100 g Champignons in Scheiben
frisch gemahlener Pfeffer
1 TL Thymian
200 g Crème fraîche
75 ml Weißwein
250 g Geflügelleber
4 EL Butter oder Margarine
2 EL Speisestärke
4 Scheiben Ananas
200 g geriebener Bel Paese

1. Den Teig vorbereiten, mit der Tomatensauce bestreichen. Das Hähnchenfleisch kleinschneiden, den Knoblauch mit Salz zerreiben, beides im heißen Öl scharf anbraten.

2. Das Gemüse dazugeben, abschmecken, mit Crème fraîche und Weißwein auffüllen und 5 Minuten köcheln lassen. Die Geflügelleber kleinschneiden, im Fett anbraten, dazugeben und alles mit der Speisestärke binden. Den Backofen auf 220 °C vorheizen.

3. Die Geflügel-Gemüse-Mischung abkühlen lassen, den Teig ausrollen, mit der Masse bedecken, die Ananasscheiben darauflegen, die Pizza mit Käse bestreuen und 15 bis 20 Minuten backen.
(auf dem Foto: oben)

Pizza nach Art der Metzgerin

- Zubereitungszeit: ca. 2 Std.
- ca. 1320 kcal je Portion
- Dazu paßt Römischer Salat

1 Rezept Hefeteig (S. 4)
1 Rezept Basilikumsauce (S. 8)
4 gehäutete Tomaten
1 Bund Frühlingszwiebeln
2 EL Butter oder Margarine
100 g Mortadella
100 g Salami
100 g gekochter Schinken
1 mittelgroße Cabanossi (100 g) in Scheiben
1 kleine Dose Champignons
1 kleine Dose Artischockenherzen
Salz, frisch gemahlener Pfeffer
1 TL Oregano
200 g geriebener Provolone

1. Den Teig vorbereiten und mit der Basilikumsauce bestreichen. Die Tomaten in Scheiben schneiden und darauflegen. Den Backofen auf 220 °C vorheizen.

2. Die Frühlingszwiebeln in Streifen schneiden, im Fett glasig schwitzen, mit der Mortadella, der Salami, dem Schinken, der Cabanossi, den Champignons und den Artischockenherzen dekorativ auf den Pizzas anrichten.

3. Mit Salz, Pfeffer, Oregano und Käse bestreuen und 15 bis 20 Minuten backen.
(auf dem Foto: unten)

Lammpizza

- Zubereitungszeit: ca. 2 Std.
- ca. 1210 kcal je Portion
- Dazu paßt Zucchinisalat

1 Rezept Brotteig (S. 7)
500 g Lammhackfleisch
4 EL Olivenöl
Salz, 2 Knoblauchzehen
1 Zwiebel in Würfeln
2 Karotten in Würfeln
1 kleine Dose Tomaten
je 1 TL Basilikum und Oregano
frisch gemahlener Pfeffer
je 1 TL Paprikapulver und Curry
einige Tropfen Worcestersauce
2 EL gehackte Pfefferminze
4 enthäutete Tomaten
2 kleine Zucchini
2 hartgekochte Eier
6 EL schwarze Oliven
200 g geschnittener Mozzarella
50 g geriebener Pecorino

1. Den Teig wie beschrieben vorbereiten. Das Lammhackfleisch in Öl scharf anbraten. Die Knoblauchzehen mit Salz zerreiben und dazugeben. Zwiebel und Karotten hinzufügen, kurz mitschwitzen, mit den Tomaten auffüllen.

2. Mit Basilikum und Oregano würzen, mit Salz, Pfeffer, Paprika, Curry und Worcestersauce kräftig abschmecken. Zugedeckt etwa 10 Minuten köcheln lassen, nochmals abschmecken und die Pfefferminze darunterziehen. Abkühlen lassen.

3. Den Teig ausrollen, mit dem Belag bedecken. Den Backofen auf 220 °C vorheizen. Die Tomaten in Scheiben schneiden, mit den Zucchini, den Eiern und den Oliven dekorativ auf der Pizza anrichten. Die Pizza mit dem Mozzarella belegen, mit Pecorino bestreuen und 15 bis 20 Minuten backen.

Türkische Pizza

- Zubereitungszeit: ca. 3/4 Std.
- ca. 830 kcal je Portion
- Dazu paßt Tsatsiki

1 Rezept Hefeteig (S. 4)
2 Zwiebeln
2 Knoblauchzehen
2 Tomaten
1 Peperoni
500 g Rinderhackfleisch
2 EL Tomatenmark
6 EL gehackte Petersilie und Minze
Salz, frisch gemahlener Pfeffer
1 EL Paprikapulver edelsüß
Butter zum Ausfetten

1. Den Teig wie beschrieben vorbereiten. Die Zwiebeln und die Knoblauchzehen fein hacken, die Tomaten brühen, enthäuten, entkernen und würfeln. Die Peperoni hacken. Alles zusammen mit Hackfleisch, Tomatenmark, Petersilie und Minze zu einer glatten Masse verarbeiten.

2. Die Mischung mit Salz, Pfeffer und Paprikapulver würzen. Den Backofen auf 220 °C vorheizen. Eine Pizzaform ausfetten, den Teig hineingeben und mit der Hackfleischmasse bedecken.

3. Die Pizza 20 bis 25 Minuten im Backofen backen.

Hackfleisch-Pizza

- Zubereitungszeit: ca. 2¼ Std.
- ca. 1200 kcal je Portion
- Dazu paßt ein gemischter Salat

1 Rezept Hefeteig (S. 4)
2 EL Olivenöl
50 g durchwachsener, geräucherter Speck
500 g gemischtes Hackfleisch
2 Knoblauchzehen, Salz
1 Zwiebel
je 1 rote und 1 grüne Paprikaschote
100 g Champignons
150 ml Rotwein
1 Dose geschälte Tomaten
1 TL Oregano
frisch gemahlener Pfeffer
1 Msp. Cayennepfeffer
150 g geriebener Emmentaler

1. Den Hefeteig wie beschrieben herstellen. Das Öl erhitzen, den Speck fein würfeln und darin auslassen. Das Hackfleisch dazugeben und kräftig anbraten.

2. Die Knoblauchzehen mit Salz zerreiben, das Gemüse klein würfeln und ebenfalls mitschwitzen.

3. Mit Rotwein und Tomaten auffüllen, mit Oregano, Salz, Pfeffer und Cayennepfeffer würzen: Die Hackfleischmasse zugedeckt noch 10 Minuten köcheln lassen, dann zum Abkühlen beiseite stellen. Den Backofen auf 220 °C vorheizen.

4. Den Teig ausrollen und die Pizzas mit dem Belag bedecken, mit dem Emmentaler bestreuen und 15 bis 20 Minuten backen.
(auf dem Foto oben)

Pizza Bäuerinnen-Art

- Zubereitungszeit: ca. 2¼ Std.
- ca. 1090 kcal je Portion
- Dazu paßt trockener Weißwein

1 Rezept Brotteig (S. 7)
2 EL Butter oder Margarine
100 g durchwachsener, geräucherter Speck
200 g TK-Blattspinat
Salz, frisch gemahlener Pfeffer
1 Prise Muskat
1 Prise Speisewürze
100 g feine Salami
4 Tomaten
1 EL Basilikum
4 hartgekochte Eier
200 g Mozzarella
1 EL gehackte Petersilie

1. Den Teig wie beschrieben herstellen. Die Butter oder Margarine in einem Topf erhitzen, den Speck würfeln und darin auslassen.

2. Den Blattspinat auftauen, abtropfen lassen und dazugeben. Kurz mitschwitzen und mit den Gewürzen abschmecken. Den Brotteig ausrollen und auf 4 Pizzaformen verteilen.

3. Den Spinat auf den Pizzas gleichmäßig verteilen. Diese mit den Salamischeiben belegen. Die Tomaten brühen, enthäuten, in Scheiben schneiden und ebenfalls darauflegen. Den Backofen auf 220 °C vorheizen.

4. Mit Basilikum, Salz und Pfeffer würzen, die Eier in Scheiben schneiden und dekorativ auf den Pizzas anrichten. Den Mozzarella in Scheiben schneiden und darüberlegen. Die Pizzas etwa 20 Minuten backen und mit gehackter Petersilie bestreut servieren.
(auf dem Foto unten)

ZEITINTENSIV · WÜRZIG

ZEITINTENSIV · VOLLWERTIG

PIZZA MIT FISCH UND MEERES-FRÜCHTEN

Italien ist zu einem großen Teil vom Mittelmeer umgeben. Was liegt näher, als den Reichtum der See an Fischen und Schalentieren auch bei der Zubereitung der traditionellen Pizza zu nutzen.

Pizza mit Meeresfrüchten

- Zubereitungszeit: ca. 2 Std.
- ca. 1030 kcal je Portion
- Dazu paßt ein Glas Weißwein

1 Rezept Hefeteig (S. 4)
1 Rezept Basilikumsauce (S. 8)
4 enthäutete Tomaten
100 g gekochter Schinken
100 g Muschelfleisch
100 g Krabben oder Krevetten
100 g gekochte Tintenfischringe
einige eingelegte Pfefferschoten
1 kleine Dose Champignonköpfe
einige schwarze Oliven
1 TL Basilikum
1 TL Oregano
Salz, frisch gemahlener Pfeffer
200 g geschnittener Mozzarella

1. Den Teig vorbereiten und mit der Basilikumsauce bestreichen. Die Tomaten in Scheiben schneiden und darauflegen. Den Backofen auf 220 °C vorheizen.

2. Den Schinken in Streifen schneiden und mit den Meeresfrüchten auf der Pizza anordnen. Die Champignonköpfe und die Oliven ebenfalls darauf anrichten. Mit den Kräutern bestreuen, mit Salz und Pfeffer würzen.

3. Den Mozzarella darauflegen und die Pizza etwa 15 bis 20 Minuten backen.

ZEITINTENSIV
KROSS

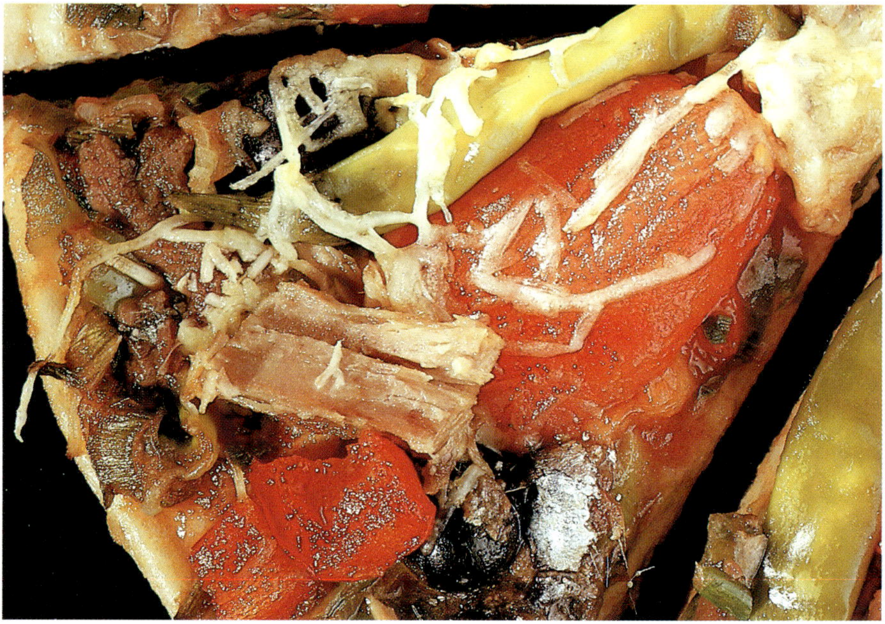

Pizza nach Art der Sirenen

- Zubereitungszeit: ca. 2 Std.
- ca. 1160 kcal je Portion
- Dazu paßt Tomatensalat

1 Rezept Hefeteig (S. 4)
2 EL Olivenöl
2 Bund Frühlingszwiebeln
je 1 rote und 1 grüne Paprikaschote
1 Dose geschälte Tomaten
$^1/_2$ TL schwarzer Pfeffer
1 Bund Oregano
400 g in Öl eingelegter Thunfisch
100 g schwarze Oliven
1 Glas Sardellen
einige eingelegte Pfefferschoten
200 g geriebener Creszenza

1. Den Hefeteig wie beschrieben herstellen. Das Öl erhitzen und die Frühlingszwiebeln darin glasig schwitzen. Die Paprikaschoten in Würfel schneiden und dazugeben.

2. Die Tomaten daruntermischen, mit Salz, Pfeffer und Oregano würzen. Zugedeckt etwa 10 Minuten köcheln lassen.

3. Den Backofen auf 220 °C vorheizen. Den Thunfisch zerpflücken. Den Teig ausrollen und das Gemüse darauf verteilen.

4. Den Thunfisch, die Oliven, die Sardellen und die Pfefferschoten darauflegen. Die Pizza mit dem Käse bestreuen und etwa 20 bis 25 Minuten backen.

Römische Pizza

- Zubereitungszeit: ca. 2 Std.
- ca. 1310 kcal je Portion
- Dazu paßt gemischter Salat

1 Rezept Mürbeteig (S. 6)
2 EL Butter oder Margarine
je 2 Zwiebeln und Knoblauchzehen
Salz, frisch gemahlener Pfeffer
1 kleine Dose geschälte Tomaten
8 Tomaten
250 g in Öl eingelegter Thunfisch
1 Glas Sardellenfilets
1 kleine Dose Champignons
20 schwarze Oliven
2 hartgekochte Eier
8 grüne Pfefferschoten
200 g geriebener Creszenza
2 EL gehackte Petersilie

1. Die Butter oder Margarine erhitzen, die Zwiebeln fein hacken und darin anschwitzen. Die Knoblauchzehen mit Salz zerreiben und kurz mitschwitzen.

2. Die Tomaten dazugeben, mit Salz und Pfeffer abschmecken und so lange kochen, bis eine sämige Sauce entstanden ist.

3. Die Tomaten brühen, enthäuten und in Scheiben schneiden. Den Thunfisch, die Sardellenfilets und die Champignons gut abtropfen lassen. Die Oliven bereitstellen, die Eier in Scheiben schneiden und die Pfefferschoten zerkleinern.

4. Den vorbereiteten Mürbeteig ausrollen, 4 Pizzaformen auslegen und alle Zutaten gleichmäßig darauf verteilen. Mit dem Käse bestreuen und die Pizzas etwa 15 bis 20 Minuten backen. Mit Petersilie bestreut servieren.

Holzfällerpizza

- Zubereitungszeit: ca. 2 1/4 Std.
- ca. 1180 kcal je Portion
- Dazu paßt ein leichter Rotwein

1 Rezept Brotteig (S. 7)
2 EL Butter oder Margarine
100 g durchwachsener, geräucherter Speck
2 Knoblauchzehen
Salz
1 Zwiebel
1 kleine Dose geschälte Tomaten
1 TL Oregano
frisch gemahlener Pfeffer
1 Prise Speisewürze
je 1 kleine rote und grüne Paprikaschote
100 g Pfeffersalami
1 Dose Thunfisch
100 g frische Champignons
4 Pfefferschoten
200 g geriebener Bel Paese
2 EL Schnittlauchröllchen

1. Den Teig wie beschrieben vorbereiten. Die Butter erhitzen, den Speck würfeln und darin auslassen. Die Knoblauchzehe mit Salz zerreiben, die Zwiebel fein hacken, beides dazugeben und mitschwitzen.

2. Die Tomaten abtropfen lassen, hinzufügen und alles so lange kochen, bis eine sämige Sauce entstanden ist. Mit Oregano, Salz, Pfeffer und der Speisewürze abschmecken und erkalten lassen. Den Backofen auf 220 °C vorheizen.

3. Die Paprikaschoten und die Salami in Streifen schneiden. Den Thunfisch zerpflücken. Den Brotteig ausrollen und auf 4 Pizzaformen verteilen. Die Pizzas mit der Tomatenmasse bestreichen und mit den übrigen Zutaten üppig belegen.

4. Die Pizzas 20 Minuten backen, 5 Minuten vor Ende der Garzeit mit Käse bestreuen. Mit Schnittlauch bestreut servieren.
(auf dem Foto: rechts)

Sardellenpizza

- Zubereitungszeit: ca. 2 Std.
- ca. 1070 kcal je Portion
- Dazu paßt ein Glas Rotwein

1 Rezept Brotteig (S. 7)
4 EL Tomatenmark
8 Scheiben gekochter Schinken
8 Tomaten
2 Zwiebeln
4 Knoblauchzehen
100 g Sardellenfilets
100 g schwarze Oliven
1 EL Oregano
Salz, frisch gemahlener Pfeffer
100 g geriebener Provolone

1. Den Teig herstellen, gehen lassen, ausrollen und auf 4 Pizzaformen verteilen. Mit dem Tomatenmark gleichmäßig bestreichen.

2. Den Schinken kleinschneiden, die Tomaten brühen, enthäuten und in Scheiben schneiden, die Zwiebel fein würfeln, alles gleichmäßig auf den Pizzas verteilen. Den Backofen auf 220 °C vorheizen.

3. Die Knoblauchzehen hacken und darüberstreuen. Mit den Sardellen ein Gitter auf die Pizzas garnieren. Die Zwischenräume mit Oliven ausfüllen.

4. Mit Oregano, Salz und Pfeffer würzen und mit dem Käse bestreuen. Die Pizzas etwa 20 Minuten backen.
(auf dem Foto: links)

Thunfischpizza mit Oliven

- Zubereitungszeit: ca. 2 Std.
- ca.1410 kcal je Portion
- Dazu paßt Eisbergsalat

1 Rezept Mürbeteig mit Zitrone (S. 6)
2 El Olivenöl
100 g geräucherter Speck
1 Bund Frühlingszwiebeln, gewürfelt
150 g Champignons in Scheiben
1 Dose Tomaten
Salz, frisch gemahlener Pfeffer
2 EL gehackter Oregano
400 g eingelegter Thunfisch
100 g gemischte Oliven
eingelegte Pfefferschoten
200 g geriebener Emmentaler

1. Den Teig vorbereiten. Das Öl erhitzen, den Speck klein würfeln und darin auslassen. Frühlingszwiebeln und Champignons zugeben und mitschwitzen. Mit den Tomaten auffüllen, sämig köcheln und abschmecken.

2. Den Teig ausrollen, mit der Sauce bestreichen, mit den übrigen Zutaten belegen, mit dem Käse bestreuen und 20 Minuten backen.

Sardellenfocaccia

- Zubereitungszeit: ca. 2 Std.
- ca. 1090 kcal je Portion
- Dazu paßt italienischer Salat

1 Rezept Brotteig (S. 7)
4 EL Tomatenmark
je 1 TL Basilikum und Oregano
8 enthäutete Tomaten in Scheiben
Salz, frisch gemahlener Pfeffer
2 EL Schnittlauchröllchen
200 g Sardellenfilets
je 1 Glas schwarze und gefüllte Oliven
8 Scheiben gekochter Schinken
8 Scheiben Bel Paese

1. Das Tomatenmark mit den Kräutern verrühren. Den Teig vorbereiten, ausrollen und damit bestreichen. Die Tomaten darauflegen, würzen und mit Schnittlauch bestreuen.

2. Backofen auf 220 °C vorheizen. Je eine abgetropfte Olive in ein Sardellenfilet wickeln, je eine Scheibe Schinken mit Bel Paese belegen, zusammenrollen, in 1 cm dicke Scheiben schneiden, alles auf die Pizza geben. Mit Käse bestreuen und 15 bis 20 Minuten backen.

Pizza mit Krabben und Sardellen

- Zubereitungszeit: ca. 2 Std.
- ca. 1080 kcal je Portion
- Dazu paßt Tomatensalat

1 Rezept Brotteig (S. 7)
1 Rezept Tomatensauce (S. 8)
2 EL Olivenöl, 1 Zwiebel
1 Bund Frühlingszwiebeln
je 1 rote und grüne Paprikaschote
1 kleine Dose Erbsen und Karotten
250 g Krabben und Krevetten
Salz, frisch gemahlener Pfeffer
Saft von 1 Zitrone, etwas Weinbrand
1 TL Oregano, 1 TL Basilikum
einige Artischocken und Sardellen
200 g geschnittener Mozzarella

1. Den Teig zu 4 Fladen ausrollen und mit der Tomatensauce bestreichen. Das Gemüse in Öl anschwitzen. Mit Salz, Pfeffer, Zitronensaft, Weinbrand, Oregano und Basilikum abschmecken. Backofen auf 220 °C vorheizen.

2. Das erkaltete Gemüse, Artischocken und Sardellen auf den Pizzas anrichten. Mit Mozzarella belegen, 15 bis 20 Minuten backen.

Minipizza mit Keta-Kaviar

- Zubereitungszeit: ca. 2 Std.
- ca. 620 kcal je Portion
- Dazu paßt ein Glas trockener Sekt

½ Rezept Brotteig (S. 7)
2 EL Tomatenmark
4 EL Crème fraîche
1 EL Schnittlauchröllchen
1 EL gehackter Oregano
4 enthäutete Tomaten in Scheiben
1 kleines Glas Miesmuscheln
2 hartgekochte Eier in Scheiben
150 g geschnittener Mozzarella
1 Glas Keta-Kaviar
100 g Sauerrahm
1 Kästchen Gartenkresse

1. Das Tomatenmark mit der Crème fraîche und den Kräutern verrühren. Den Teig ausrollen, damit bestreichen und mit den Tomaten belegen. Den Backofen auf 180 °C vorheizen.

2. Die Miesmuscheln abtropfen lassen und mit den Eiern über die Pizza verteilen, mit Mozzarella belegen und 20 Minuten backen. Mit Kaviar, Sauerrahm und Kresse garnieren.

Sizilianische Muschelpizza

- Zubereitungszeit: ca. 2¼ Std.
- ca. 1140 kcal je Portion
- Dazu paßt ein Glas Weißwein

1 Rezept Brotteig (S. 7)
1 Rezept Basilikumsauce (S. 8)
4 enthäutete Tomaten
1 Bund Frühlingszwiebeln
2 Karotten in Scheiben
1 Zwiebel in Würfeln
1 Stück Staudensellerie in Streifen
3 EL Butter oder Margarine
Salz, frisch gemahlener Pfeffer
2 EL gehackter Oregano
1 Schuß Weißwein
4 EL schwarze Oliven
200 g Pfahlmuscheln
200 g Herzmuscheln
200 g geschnittener Mozzarella
50 g gebröckelter Gorgonzola
2 EL Schnittlauchröllchen

1. Den Teig vorbereiten, ausrollen und mit der Basilikumsauce bestreichen. Die Tomaten in Scheiben schneiden und darauflegen.

2. Das Gemüse in Butter glasig schwitzen. Mit Salz, Pfeffer und Oregano würzen, mit einem Schuß Weißwein ablöschen und zugedeckt 8 bis 10 Minuten dünsten. Vom Herd nehmen und erkalten lassen. Den Backofen auf 220 °C vorheizen.

3. Das Gemüse mit den Oliven und den Muscheln auf den Pizzas verteilen. Mit Mozzarella belegen, mit Gorgonzola bestreuen und 15 bis 20 Minuten backen. Mit Schnittlauch bestreut servieren.

Pizza Neptun

- Zubereitungszeit: ca. 2 Std.
- ca. 820 kcal je Portion
- Dazu paßt Blattsalat

1 Rezept Brotteig (S. 7)
3 EL Öl
2 Knoblauchzehen
3 Zwiebeln
100 g Muschelfleisch
100 g Krabben oder Krevetten
100 g Tintenfischringe
1 Dose Tomaten
2 EL gehackter Oregano
1 EL gehackter Thymian
Salz, frisch gemahlener Pfeffer
100 g entkernte schwarze Oliven
1 Röhrchen Kapern
200 g Mozzarella

1. Den Teig vorbereiten. Das Öl erhitzen. Die Knoblauchzehen und die Zwiebeln fein hacken und darin glasig schwitzen.

2. Das Muschelfleisch, die Krabben und die Tintenfischringe dazugeben und kurz mitschwitzen. Die Tomaten dazugeben und alles zugedeckt bei mittlerer Hitze 25 Minuten köcheln lassen. Die Kräuter darunterrühren. Den Backofen auf 220 °C vorheizen.

3. Den Pizzabelag mit Salz und Pfeffer abschmecken. Den Teig zu 4 Fladen ausrollen und diese mit der Masse bestreichen. Mit Oliven und Kapern garnieren, mit dem Käse bestreuen und 20 bis 25 Minuten backen.

Fischpizza

- Zubereitungszeit: ca. 1 Std.
- ca. 1290 kcal je Portion
- Dazu paßt ein Glas Weißwein

1 Rezept gebröselter Hefeteig (S. 5)
1 Rezept Basilikumsauce (S. 8)
4 enthäutete Tomaten
2 gehackte Zwiebeln
1 Zucchino in Scheiben
2 hartgekochte Eier in Scheiben
100 g Krabben oder Krevetten
100 g gekochte Tintenfischstücke
200 g Barschfilet
Salz, frisch gemahlener Pfeffer
einige Tropfen Worcestersauce
einige Tropfen Zitronensaft
3 EL Butter oder Margarine
16 gekochte Miesmuscheln in der Schale
1 TL Oregano
1 TL Basilikum
200 g geschnittener Mozzarella
50 g gebröckelter Gorgonzola

1. Den Teig vorbereiten, zu einem Fladen ausrollen, mit der Basilikumsauce bestreichen. Die Tomaten in Scheiben schneiden und darauflegen. Gemüse, Eier und Meeresfrüchte dekorativ darauf anrichten. Den Backofen auf 220 °C vorheizen.

2. Die Barschfilets in mundgerechte Stücke schneiden, salzen, pfeffern, mit Worcestersauce und Zitronensaft marinieren und im Fett braten. Alle Zutaten auf der Pizza anrichten. Mit den Kräutern und dem Käse bedecken und 15 bis 20 Minuten backen.

Pizza al Tonno

- Zubereitungszeit: ca. 1 Std.
- ca. 1290 kcal je Portion
- Dazu paßt ein Glas Weißwein

1 Rezept Hefeteig (S. 4)
2 mittelgroße Zwiebeln
2 Knoblauchzehen
1 kleine Dose Pizzatomaten (400 g Einwaage)
4 EL Olivenöl
etwas Salz
3 eingelegte Sardellenfilets
1 EL eingelegte Kapern
3 Dosen Thunfisch in Öl (ca. 450 g Fischeinwaage insgesamt)
50 g grüne Oliven ohne Stein

1. Den Teig vorbereiten wie beschrieben. Die Zwiebeln halbieren und in hauchdünne Streifen schneiden. Den Knoblauch fein hacken. Die Pizzatomaten abtropfen lassen.

2. Die Sardellen zusammen mit den Kapern fein hacken. Den Thunfisch abtropfen lassen und mit einer Gabel zerpflücken. Die Oliven in Scheiben schneiden. Den Backofen auf 220 °C vorheizen und ein Backblech mit 1 Eßlöffel Olivenöl bestreichen.

3. Den Teig auf einer bemehlten Arbeitsfläche in Größe des Backblechs auswellen, auf das Blech setzen und die Teigränder etwas hochziehen.

4. Den Teig mit dem restlichen Öl bestreichen und gleichmäßig mit den Zwiebeln belegen. Thunfisch, Oliven und das Sardellen-Kapern-Mus über die Pizza verteilen, das Tomatenmus löffelweise darüber geben. Die Pizza auf der mittleren Schiene etwa 25 Minuten backen.

Sardinenpizza

- Zubereitungszeit: ca. 2 Std.
- ca. 1370 kcal je Portion
- Dazu paßt gespritzter Wein

1 Rezept Mürbeteig (S. 6)
1 Rezept Tomatensauce (S. 8)
4 enthäutete Tomaten
100 g frischer Spinat
4 EL Butter oder Margarine
6 EL eingeweichte Rosinen
6 EL Pinienkerne
Salz, frisch gemahlener Pfeffer
1 Prise Muskat
400 g küchenfertige kleine Sardinen
Saft von 1 Zitrone
einige Tropfen Worcestersauce
etwas Mehl, reichlich Fett
200 g geschnittener Mozzarella
2 EL Schnittlauchröllchen

1. Den Teig vorbereiten, zu 4 Fladen ausrollen und mit der Tomatensauce bestreichen. Die Tomaten in Scheiben schneiden. Den Spinat zerpflücken und in Fett anschwitzen. Rosinen und Pinienkerne dazugeben und alles abschmecken.

2. Sardinen salzen, pfeffern, mit Zitronensaft und Worcestersauce marinieren, in Mehl wenden und im schwimmenden Fett braten.

3. Den Spinat und die Sardinen gleichmäßig auf den Pizzas verteilen, mit Mozzarella belegen und 15 bis 20 Minuten backen. Mit Schnittlauch bestreut servieren.

Sardellenpizza mit Oliven

- Zubereitungszeit: ca. 1 1/4 Std.
- ca. 910 kcal je Portion
- Dazu paßt ein kräftiger Landwein

1 Rezept Nudelteig (S. 7)
8 enthäutete Tomaten in Scheiben
100 g gekochter Schinken
1 Bund Frühlingszwiebeln
200 g Sardellenfilets
1 Glas schwarze Oliven
eingelegte Pfefferschoten
4 hartgekochte Eier in Scheiben
1 TL Basilikum
1 TL Oregano
Salz
frisch gemahlener Pfeffer
200 g geriebener Bel Paese

1. Den Teig vorbereiten. Die Tomaten schneiden und alle übrigen Zutaten bereitlegen. Den Backofen auf 220 °C vorheizen.

2. Den Teig ausrollen und 4 Fladen formen. Schinken in Streifen schneiden und mit Frühlingszwiebeln, Sardellenfilets, Oliven, Pfefferschoten und Eiern auf den Tomaten verteilen.

3. Mit den Kräutern, Salz und Pfeffer würzen. Mit Käse bestreuen und 15 bis 20 Minuten backen.

Variation:

Etwas milder wird die Pizza, wenn Sie die eingelegten Pfefferschoten weglassen und durch kurz angedünstete Zucchiniwürfel ersetzen.

Pizza mit Garnelen

- Zubereitungszeit: ca. 2 Std.
- ca. 1070 kcal je Portion
- Dazu paßt herber Rotwein

1 Rezept Nudelteig (S. 7)
1 Rezept Tomatensauce (S. 8)
4 enthäutete Tomaten
2 Knoblauchzehen
Salz
4 EL Olivenöl
1 TL geriebene Zitronenschale
16 große geschälte Garnelenschwänze
2 EL gehackte Petersilie
1 TL Oregano
Salz, frisch gemahlener Pfeffer
einige Tropfen Zitronensaft
100 g Champignons
1 gehackte Zwiebel
2 hartgekochte Eier in Scheiben
6 EL gemischte Oliven
200 g geriebener Provolone

1. Den Teig vorbereiten, 4 Fladen ausrollen und mit der Tomatensauce bestreichen. Die Tomaten in Scheiben schneiden und darauflegen.

2. Die Knoblauchzehen mit Salz zerreiben und mit der Zitronenschale in Öl erhitzen. Die Garnelenschwänze darin anbraten. Mit Petersilie und Oregano bestreuen, mit Salz, Pfeffer und Zitronensaft würzen. Den Backofen auf 220 °C vorheizen.

3. Die Champignons in Scheiben schneiden, mit den Garnelenschwänzen, den Zwiebeln, den Eiern und den Oliven dekorativ auf den Pizzas anrichten.

4. Mit Provolone bestreuen und 15 bis 20 Minuten backen.

PIZZA MIT GEMÜSE

Sonnengereifte Tomaten geben jeder Pizza einen unvergleichlichen Geschmack. Aber auch jedes andere Gemüse, vor allem natürlich die besonders im Süden gedeihenden Zucchini oder Auberginen, lassen sich für die Pizza verwenden. Und dann geht es auch ganz ohne Wurst, Schinken oder Fleisch.

Pizza Nazionale

- Zubereitungszeit: ca. 1 1/2 Std.
- ca. 730 kcal je Portion
- Dazu paßt ein bunter Salat

1 Rezept Hefeteig (S. 4)
1 Zwiebel
1 Knoblauchzehe
5 große Tomaten
2 Paprikaschoten
100 g Champignons
Zitronensaft
1 EL Olivenöl
2 EL Tomatenmark
6 Artischocken aus dem Glas
8 schwarze Oliven
Meersalz, frisch gemahlener Pfeffer
1 EL frisch gehackter Oregano
1 EL frisch gehacktes Basilikum
300 g geschnittener Mozzarella

1. Den Teig vorbereiten. Die Zwiebel fein würfeln, die Knoblauchzehe zerdrücken. Die Tomaten häuten, halbieren, entkernen und in Streifen schneiden. Die Paprikaschoten würfeln, die Champignons in Scheiben schneiden und mit Zitronensaft beträufeln.

2. Die Zwiebel und den Knoblauch in Öl andünsten. Die Tomaten mit dem Tomatenmark dazugeben und alles zu einer sämigen Sauce verkochen.

3. Den Backofen auf 220 °C vorheizen. Den Teig zu einer Platte ausrollen, ein Backblech ausfetten und darauflegen. Die Sauce auf die Teigplatte streichen, das Gemüse und die Oliven darauf verteilen.

4. Die Pizza mit Meersalz, Pfeffer und den Kräutern bestreuen. Mit dem Käse belegen, etwa 20 Minuten auf der untersten Schiene backen.

Tip:
Je öfter der Teig geht, desto lockerer wird der Boden.

Variation:
Statt der Zwiebel können Sie auch ein ein Bund Frühlingszwiebeln verwenden.
Ein würzig-trockener Rosé paßt besonders gut zu dieser Pizza.

BRAUCHT ZEIT
FRUCHTIG-HERB

Pizza nach Art der Gärtnerin

- Zubereitungszeit: ca. 1 1/4 Std.
- ca. 1390 kcal je Portion
- Dazu paßt ein Glas Weißwein

1 Rezept gebröselter Hefeteig (S. 5)
1 Rezept Hackfleischsauce (S. 9)
4 enthäutete Tomaten
1 Bund Frühlingszwiebeln
100 g Erbsenschoten
100 g frische Karotten
100 g Staudensellerie
1 kleine Zucchino
3 EL Olivenöl
150 ml Weißwein
1 TL Thymian
1 TL Oregano
Salz, frisch gemahlener Pfeffer
1 Prise Muskat
Saft von 1 Zitrone
einige Tropfen Worcestersauce
200 g geriebener Provolone

1. Den Teig vorbereiten, zu einem großen Fladen ausrollen, mit der Hackfleischsauce bestreichen. Die Tomaten in Scheiben schneiden und darauflegen. Den Backofen auf 220 °C vorheizen.

2. Das Gemüse in mundgerechte Stücke schneiden, in Öl glasig schwitzen. Mit Weißwein ablöschen, mit Kräutern, Gewürzen, Zitronensaft und Worcestersauce würzen. 8 bis 10 Minuten dünsten.

3. Erkalten lassen. Das Gemüse auf dem Teigboden verteilen, mit dem Käse bestreuen und die Pizza 15 bis 20 Minuten backen.
(auf dem Foto oben)

Bunte Gemüsepizza

- Zubereitungszeit: ca. 3/4 Std.
- ca. 730 kcal je Portion
- Dazu paßt ein Glas Chianti

1 Rezept Hefeteig (S. 4)
1 EL Pflanzenöl
je 1 rote, gelbe und grüne Paprikaschote
100 g Lauch
4 eingelegte Pfefferschoten
300 g Brokkoli
1 Knoblauchzehe
100 g Tomatenmark
200 g Tomaten aus der Dose
frisch gemahlener Pfeffer
Paprikapulver edelsüß
gerebelter Oregano
200 g geriebener Emmentaler (45 % Fett)

1. Den Teig wie beschrieben vorbereiten. Eine Pizzabackform ausfetten. Die Paprikaschoten halbieren, entkernen und würfeln. Den Lauch in Ringe schneiden. Die Pfefferschoten zerkleinern. Den Brokkoli in Röschen teilen, die Stiele in Scheiben schneiden.

2. Die Knoblauchzehe zerdrücken und mit dem Tomatenmark und den Tomaten verrühren. Den Backofen auf 220 °C vorheizen.

3. Den Teig auf die Größe der Backform ausrollen, hineinlegen und mit der Tomatenpaste bestreichen. Das Gemüse darauf verteilen, mit Salz, Pfeffer, Paprikapulver und Oregano würzen und mit Käse bestreuen. Die Pizza etwa 20 Minuten backen.
(auf dem Foto unten)

BRAUCHT ZEIT · VOLLWERTIG

BRAUCHT ZEIT · SCHARF

Montagspizza

- Zubereitungszeit: ca. 1¼ Std.
- ca. 1000 kcal je Portion
- Dazu paßt Friséesalat

1 Rezept Nudelteig (S. 7)
2 gehackte Zwiebeln
2 EL Olivenöl
200 g roher Schinken
1 kleine Dose Karotten
1 kleine Dose Spargelstücke
Salz, frisch gemahlener Pfeffer
2 TL Oregano
1 TL Basilikum
200 g geschnittener Mozzarella
50 g geriebener Parmesan

1. Den Teig wie beschrieben vorbereiten. Die Zwiebeln in Öl glasig schwitzen. Den Schinken in Streifen schneiden, mit dem Gemüse dazugeben und kurz mitschwitzen. Mit Salz, Pfeffer, der halben Menge Oregano und Basilikum abschmecken.

2. Den Backofen auf 220 °C vorheizen. Den Teig ausrollen und mit dem Gemüse bedecken, mit Mozzarella belegen und mit Parmesan und Oregano bestreuen. Die Pizza 15 bis 20 Minuten backen.

Tip:
Lassen Sie das Gemüse aus der Dose gut abtropfen, damit nicht zuviel Flüssigkeit in den Pizzabelag gerät.

Pizza mit Brokkoli

- Zubereitungszeit: ca. 2¼ Std.
- ca. 1200 kcal je Portion
- Dazu paßt Rotwein

1 Rezept Hefeteig (S. 4)
1 Rezept Tomatensauce (S. 8)
4 enthäutete Tomaten
2 EL Olivenöl
100 g geräucherter Speck
1 gewürfelte Zwiebel
6 gewürfelte Frühlingszwiebeln
100 g gekochter Schinken in Streifen
Salz, 2 Knoblauchzehen
2 Scheiben Ananas
frisch gemahlener Pfeffer
1 TL Oregano
1 TL Basilikum
500 g Brokkoliröschen, blanchiert
200 g geriebener Bel Paese
50 g gebröckelter Gorgonzola
1 EL gehackte Petersilie

1. Den Teig vorbereiten, 4 Fladen ausrollen, mit der Tomatensauce bestreichen. Die Tomaten in Scheiben schneiden und darauflegen.

2. Den Speck fein würfeln, im Öl auslassen. Die Zwiebeln und den Schinken mitschwitzen. Die Knoblauchzehen mit Salz zerreiben, die Ananas würfeln und beides kurz mitdünsten. Den Backofen auf 180 °C vorheizen.

3. Mit den Gewürzen abschmecken und erkalten lassen. Mit den Brokkoliröschen auf den Pizzas dekorativ anrichten. Mit dem Käse bestreuen und 15 bis 20 Minuten backen. Mit Petersilie bestreuen.

Pizza alle Verdure

- Zubereitungszeit: ca. 2 Std.
- ca. 980 kcal je Portion
- Dazu paßt gespritzter Weißwein

1 Rezept Nudelteig (S. 7)
100 g geräucherter Speck
2 EL Butter oder Margarine
2 Zwiebeln, 1 Zucchino
je 1 rote und 1 grüne Paprikaschote
1 Bund Frühlingszwiebeln
1 kleines Glas Champignons
einige Pfefferschoten
4 EL Tomatenmark
2 EL Oregano
Salz, frisch gemahlener Pfeffer
200 g geriebener Bel Paese
2 EL Schnittlauchröllchen

1. Den Speck in Butter auslassen. Die Zwiebeln würfeln und dazugeben. Gemüse, Pilze und Pfefferschoten fein schneiden. Den Backofen auf 200 °C vorheizen.

2. 4 Pizzaformen mit dem vorbereiteten Teig auslegen, mit Tomatenmark bestreichen. Alles gleichmäßig darauf verteilen, mit den Gewürzen und dem Käse bestreuen und etwa 20 Minuten backen. Mit Schnittlauch bestreuen.

Pizza mit Pfifferlingen

- Zubereitungszeit: ca. 3/4 Std.
- ca. 840 kcal je Portion
- Dazu paßt Blattsalat mit Kräutern

1 Rezept Hefeteig mit Kümmel (S. 5)
1 feingehackte Zwiebel
50 g durchwachsener, geräucherter Speck
2–3 EL Olivenöl
je 150 g Pfifferlinge und Champignons
Salz, frisch gemahlener Pfeffer
1 Prise Cayennepfeffer
4 Tomaten in Scheiben
100 g gekochter Schinken
200 g Mozzarella in Scheiben

1. Den Teig vorbereiten. Die Zwiebeln mit dem gewürfelten Speck im Öl glasig schwitzen. Die Pilze kurz mitdünsten. Den Backofen auf 220 °C vorheizen.

2. Die Speck-Pilz-Mischung würzen. Den Teig ausrollen und auf 4 Pizzaformen verteilen. Tomaten und Schinken darauf verteilen, die Speck-Pilz-Mischung darübergeben und mit dem Käse belegen. Die Pizzas 25 bis 30 Minuten backen.

Brotpizza mit Kräutern und Tomaten

- Zubereitungszeit: ca. 2 Std.
- ca. 670 kcal je Portion
- Dazu paßt ein leichter Rotwein

1 Rezept Brotteig (S. 7)
4 Knoblauchzehen
8 Tomaten
1 Bund Basilikum
1 Bund Oregano
Salz, frisch gemahlener Pfeffer
1 Prise Speisewürze
100 g geriebener Parmesan

1. Den Teig vorbereiten, zu 4 Fladen ausrollen. Den Knoblauch stifteln und in den Teig stecken. Die Tomaten brühen, enthäuten, in Scheiben schneiden und auf den Teig legen. Den Backofen auf 220 °C vorheizen.

2. Die Kräuter hacken und darüberstreuen. Mit Salz, Pfeffer und Speisewürze würzen. Mit Käse bestreuen und etwa 20 Minuten backen.

Lauchpizza

- Zubereitungszeit: ca. 2 Std.
- ca. 1120 kcal je Portion
- Dazu paßt ein kühles Bier

1 Rezept Hefeteig (S. 4)
2 EL Tomatenmark
4 enthäutete Tomaten in Scheiben
100 g geräucherter Speck, gewürfelt
2 EL Olivenöl
2 Knoblauchzehen, Salz
3 Stangen Lauch in Ringen
2 gehackte Zwiebeln
100 g gekochter Schinken in Streifen
frisch gemahlener Pfeffer
2 EL Schnittlauchröllchen
200 g geriebener Emmentaler

1. Den Teig ausrollen, mit dem Tomatenmark bestreichen und mit den Tomaten belegen. Speck würfeln und in Öl auslassen, die Knoblauchzehen mit Salz zerreiben, mit dem Gemüse glasig schwitzen.

2. Schinken, Gewürze und Schnittlauch darunterziehen, den Belag auf die Pizzas verteilen, mit dem Käse bestreuen und 15 bis 20 Minuten backen.

Kräuterfocaccia

- Zubereitungszeit: ca. 2 Std.
- ca. 840 kcal je Portion
- Dazu paßt ein gemischter Salat

1 Rezept Brotteig (S. 7)
4 EL Tomatenmark
8 enthäutete Tomaten
Salz, frisch gemahlener Pfeffer
2 Knoblauchzehen
2 EL gehackter Oregano
2 EL gehacktes Basilikum
2 EL gehackte Petersilie
2 EL Schnittlauchröllchen
1 EL geriebene Schale einer unbehandelten Zitrone
2 hartgekochte Eier
200 g geschnittener Mozzarella

1. Den Teig vorbereiten, ausrollen und mit dem Tomatenmark bestreichen. Die Tomaten in Scheiben schneiden und darauflegen. Den Backofen auf 180 °C vorheizen.

2. Mit Salz und Pfeffer würzen. Die Knoblauchzehen mit Salz zerreiben und daraufgeben, die gehackten Kräuter und die Zitronenschale darüberstreuen. Die Eier hacken und mit dem Mozzarella darauflegen. Etwa 15 bis 20 Minuten backen.
(auf dem Foto: oben)

Speckfocaccia mit Paprika

- Zubereitungszeit: ca. 2 Std.
- ca. 1150 kcal je Portion
- Dazu paßt ein Glas Rotwein

1 Rezept Brotteig (S. 7)
100 g geräucherter Speck
je 1 rote, grüne und gelbe Paprikaschote
1 Gemüsezwiebel
150 ml Tomatenketchup
2 EL Honig
3 EL Obstessig
1 TL Oregano
1 TL Basilikum
1 TL Salz
2 Knoblauchzehen
200 g geschnittener Mozzarella

1. Den Teig vorbereiten. Den Speck in Streifen schneiden und in den Teig drücken. Die Paprikaschoten und die Zwiebel in Streifen schneiden und gleichmäßig auf dem Teig verteilen. Den Backofen auf 220 °C vorheizen.

2. Tomatenketchup, Honig, Essig, Oregano und Basilikum verrühren. Die Knoblauchzehen mit Salz zerreiben und daruntermischen, gleichmäßig auf das Gemüse streichen. Mit Mozzarella belegen und 15 bis 20 Minuten backen.
(auf dem Foto: unten)

Tip:
Wenn Sie ganz frischen Knoblauch verwenden, können Sie sich am nächsten Tag getrost unter Menschen wagen, denn die »Duftwirkung« hält nicht sehr lange an.

ZEITINTENSIV · SÄUERLICH

CALZONE

Diese unbekannte Variation der Pizza ist eine Teigtasche, gefüllt mit den Zutaten, die sonst den Belag bilden. Innerhalb dieser Teighülle kann sich das Aroma der Zutaten noch intensiver entfalten und durchzieht auch den Teig mit seinem unwiderstehlichen Wohlgeschmack.

Gemüsecalzone mit Krabben

- Zubereitungszeit: ca. 2 1/4 Std.
- ca. 460 kcal je Portion
- Dazu paßt ein Glas leichter Weißwein

1 Rezept Hefeteig (S. 4)
2 EL Olivenöl
1 Bund Frühlingszwiebeln
je 1 rote und 1 grüne Paprikaschote
100 g Champignons
100 g Krabben oder Krevetten
100 g küchenfertige Tintenfischringe
1 kleine Dose Erbsen
100 g schwarze Oliven
Salz, frisch gemahlener Pfeffer
1 TL Thymian
1 TL Oregano
Saft von 1 Zitrone
einige Tropfen Weinbrand
2 EL geschnittene Zitronenmelisse
100 g geriebener Provolone
50 g geriebener Parmesan

1. Den Hefeteig vorbereiten, ausrollen und 4 gleich große Quadrate ausschneiden.

2. Das Öl erhitzen, das Gemüse kleinschneiden und darin anschwitzen. Die Krabben (oder Krevetten), die Tintenfischringe und die Erbsen dazugeben und mitdünsten. Den Backofen auf 220 °C vorheizen.

3. Die Oliven dazugeben, mit Salz, Pfeffer, Thymian, Oregano, Zitronensaft und Weinbrand kräftig abschmecken. Vom Herd nehmen, etwas abkühlen lassen, die Zitronenmelisse und den Käse darunterziehen und alles auf die Teigquadrate verteilen.

4. Die Ränder mit Wasser befeuchten, zusammenklappen, gut festdrücken und die Calzones 15 bis 20 Minuten backen.

Tip:

Nicht zu viel Füllung auf die Teigquadrate geben, sonst platzen die Ränder beim Backen auf.

Variation:

Satt der Erbsen können Sie auch einen kleinen Zucchino würfeln und zusammen mit dem übrigen Gemüse dünsten. Sie können die Tintenfischringe auch durch die entsprechende Menge Muschelfleisch ersetzen.

ZEITINTENSIV

FEIN-HERB

Calzone mit Meeresfrüchten

- Zubereitungszeit: ca. 2 1/4 Std.
- ca. 360 kcal je Portion
- Dazu paßt ein Glas Rosé

1 Rezept Hefeteig (S. 4)
1 Knoblauchzehe
Salz
1 gewürfelte Zwiebel
100 g Champignons in Scheiben
2 EL Olivenöl
200 g Krabben oder Krevetten
100 g Muschelfleisch
100 g gekochte Tintenfischringe
1 gewürfelter Pfirsich
2 kleingeschnittene Scheiben Ananas
frisch gemahlener Pfeffer
Saft von 1 Zitrone
1 Schuß Weißwein
einige Tropfen Obstessig
1 TL Oregano
150 g gewürfelter Mozzarella

1. Den Teig vorbereiten, ausrollen und 4 Quadrate ausschneiden. Die Knoblauchzehe mit Salz zerreiben und zusammen mit der Zwiebel und den Champignons in Öl glasig schwitzen.

2. Die Krabben (Krevetten), das Muschelfleisch, die Tintenfischringe, den Pfirsich und die Ananas dazugeben und kurz mitschwitzen. Mit Salz, Pfeffer, Zitronensaft, Weißwein, Essig und Oregano kräftig abschmecken. Den Backofen auf 220 °C vorheizen.

3. Die Füllung etwas abkühlen lassen, den Mozzarella darunterziehen und alles gleichmäßig auf die Teigquadrate verteilen.

4. Die Ränder befeuchten, zusammenklappen und gut festdrücken. Etwa 15 bis 20 Minuten backen.

Calzone mit Zwiebeln und Eiern

- Zubereitungszeit: ca. 2 1/4 Std.
- ca. 360 kcal je Portion
- Dazu paßt ein Glas Rosé

1 Rezept Hefeteig (S. 4)
500 g Zwiebeln , 5 EL Olivenöl
4 hartgekochte Eier
1 Bund Petersilie
250 g Mozzarella
ca. 2 EL Olivenöl für das Backblech
1 EL Tomatenmark, etwas Salz
schwarzer Pfeffer aus der Mühle
1 Eigelb zum Bestreichen

1. Den Teig wie beschrieben vorbereiten. Die Zwiebeln halbieren und in dünne Streifen schneiden. 3 Eßlöffel Olivenöl erhitzen und die Zwiebeln darin unter Rühren etwa 10 Minuten dünsten, dann beiseite stellen. Die Eier pellen und in dünne Scheiben schneiden.

2. Die Petersilie fein wiegen, den Mozzarella halbieren und in dünne Scheiben schneiden. Den Backofen auf 220 °C vorheizen, ein Backblech mit etwas Olivenöl bepinseln.

3. Den Teig auf einer bemehlten Arbeitsfläche auf Backblechgröße auswellen und so auf das Backblech legen, daß ein Teil zur Seite hin überhängt. Das Tomatenmark mit dem restlichen Olivenöl vermischen.

4. Die Teighälfte auf dem Blech bis auf einen Rand mit der Tomatensauce bestreichen und schichtweise mit den Zwiebeln sowie mit den Ei- und Zwiebelscheiben belegen. Jede Schicht leicht salzen und pfeffern. Die andere Teighälfte darüberschlagen und die Teigränder zusammendrücken. Das Ganze mit Eigelb bestreichen und auf der mittleren Schiene in etwa 1/2 Stunde goldgelb backen.

Überraschungscalzone

- Zubereitungszeit: ca. 2¼ Std.
- ca. 1160 kcal je Portion
- Dazu paßt gemischter Salat

1 Rezept Hefeteig (S. 4)
4 kleine Schweinefilets
Salz, frisch gemahlener Pfeffer
Fett zum Braten
50 g Parmaschinken in Streifen
100 g Gorgonzola in Würfeln
2 EL Butter oder Margarine
50 g geräucherter Speck
1 Bund Frühlingszwiebeln
200 g Champignons in Scheiben
Saft von 1 Zitrone
einige Tropfen Worcestersauce
2 EL Schnittlauchröllchen
100 g geriebener Emmentaler

1. Den Teig vorbereiten, ausrollen und in 4 gleich große Quadrate schneiden. Die Schweinefilets würzen und im Fett braten. Herausnehmen, halbieren und mit Schinken und Gorgonzola füllen.

2. Butter ins Bratfett geben, den Speck würfeln und darin auslassen. Die Frühlingszwiebeln würfeln, mit den Champignons dazugeben und mitschwitzen. Den Backofen auf 220 °C vorheizen.

3. Die Füllung mit Zitronensaft, Worcestersauce, Salz und Pfeffer abschmecken, Schnittlauch und Emmentaler darunterziehen. Filets und Speck-Champignon-Mischung auf den Quadraten verteilen, die Ränder befeuchten, zusammenklappen und festdrücken. Etwa 15 bis 20 Minuten backen.

Gemüsecalzone

- Zubereitungszeit: ca. 3/4 Std.
- ca. 930 kcal je Portion
- Dazu paßt ein Glas Weißwein

1 Rezept gebröselter Hefeteig (S. 5)
4 EL Tomatenmark
2 Hähnchenbrustfilets, gewürfelt
2–3 EL Olivenöl
Salz, frisch gemahlener Pfeffer
1 Zwiebel, je 1 rote und 1 grüne Paprikaschote
1 Zucchino, 100 g Champignons
Saft von 1 Zitrone
150 ml trockener Weißwein
je 1 TL gerebeltes Basilikum und Oregano
200 g geriebener Bel Paese

1. Aus dem Teig 4 gleich große Quadrate ausschneiden und mit Tomatenmark bestreichen. Fleisch anbraten, salzen und pfeffern.

2. Das Gemüse kleinschneiden und mit den Pilzen dazugeben, mit Zitronensaft und Wein angießen. Abschmecken und köcheln lassen.

3. Auf dem Teig verteilen, mit Käse bestreuen, die Ränder befeuchten und zusammenklappen. Etwa 25 bis 30 Minuten backen.

Hackfleischcalzone

- Zubereitungszeit: ca. 1 1/2 Std.
- ca. 1110 kcal je Portion
- Dazu paßt ein trockener Rotwein

1 Rezept gebröselter Hefeteig (S. 10)
je 200 g Lamm- und Schweinehackfleisch
2 EL Olivenöl
2 gehackte Knoblauchzehen
1 gewürfelte Zwiebel
1 Stange Lauch, 150 ml Rotwein
je 1 TL Majoran und Basilikum
1/2 TL gemahlener Kümmel
Salz, frisch gemahlener Pfeffer
4 enthäutete Tomaten
100 g gebröckelter Gorgonzola
2 EL gehackte Petersilie

1. 4 gleich große Teigquadrate vorbereiten. Hackfleisch in Öl anbraten, Gemüse dazugeben und mitdünsten. Mit Rotwein ablöschen, mit Kräutern und Gewürzen abschmecken. Den Backofen auf 220 °C vorheizen.

2. Die Tomaten würfeln und dazugeben, Käse und Petersilie darunterziehen, auf dem Teig verteilen, die Ränder befeuchten und zusammenklappen. 15 bis 20 Minuten backen.

Wurstcalzone

- Zubereitungszeit: ca. 1/2 Std.
- ca. 1230 kcal je Portion
- Dazu paßt Tomatensalat

1 Rezept gebröselter Hefeteig (S. 5)
2 gehackte Knoblauchzehen
1 gewürfelte Zwiebel
2 gewürfelte Karotten
1 Staudensellerie in Ringen
1 Stange Lauch in Ringen
2 EL Olivenöl
4 Scheiben gewürfelte Ananas
je 100 g roher Schinken und Salami
je 1 TL Oregano und Basilikum
je 1 EL Schnittlauchröllchen und gehackte Petersilie
Salz, frisch gemahlener Pfeffer
100 g geriebener Emmentaler
50 g gebröckelter Gorgonzola

1. 4 gleich große Teigquadrate vorbereiten. Knoblauch und Gemüse in Öl erhitzen. Ananas, Schinken und Salami dazugeben, mit Kräutern und Gewürzen kräftig abschmecken.

2. Käse untermischen, Füllung auf die Quadrate verteilen, die Ränder befeuchten und zusammenklappen. Etwa 20 Minuten backen.

Fleischcalzone

- Zubereitungszeit: ca. 2 Std.
- ca. 780 kcal je Portion
- Dazu paßt ein herber Weißwein

1 Rezept Brotteig (S. 7)
200 g kalter Braten
4 enthäutete Tomaten
1 Zwiebel
100 g Weintrauben
100 g Radicchio
je 1 TL Thymian und Oregano
Salz, frisch gemahlener Pfeffer
2 EL Schnittlauchröllchen
150 g gebröckelter Gorgonzola

1. 4 Teigquadrate vorbereiten. Braten und Tomaten grob, Zwiebel fein würfeln. Weintrauben halbieren und entkernen, Radicchio in Streifen schneiden. Den Backofen auf 200 °C vorheizen.

2. Alles in eine Schüssel geben, mischen und mit den Gewürzen abschmecken. Den Schnittlauch und den Käse daruntermischen. Die Füllung auf dem Teig verteilen, die Ränder befeuchten und zusammenklappen. Etwa 20 Minuten backen.

Calzone mit Schafskäsefüllung

- Zubereitungszeit: ca. 1 Std.
- ca. 280 kcal je Portion
- Dazu paßt Krautsalat

1 Rezept Hefeteig (S. 4)
2 EL Olivenöl
2 Zwiebeln
je 1 rote und grüne Paprikaschote
Salz, frisch gemahlener Pfeffer
250 g Schafskäse (Feta)
8 EL gehackte Petersilie
1 EL Paprikapulver edelsüß

1. Den Teig vorbereiten, gehen lassen, ausrollen und 4 gleich große Quadrate ausschneiden.

2. Das Öl erhitzen, die Zwiebeln fein hacken und darin glasig dünsten. Die Paprikaschoten würfeln, dazugeben und mitdünsten. Den Backofen auf 220 °C vorheizen.

3. Das Gemüse in eine Schüssel geben, würzen, den Schafskäse in feine Würfel schneiden und mit der Petersilie und dem Paprikapulver daruntermischen. Alles etwas abkühlen lassen.

4. Die Füllung auf den Teigstücken verteilen, die Ränder anfeuchten und zusammenklappen. Etwa 15 bis 25 Minuten backen.

Rezeptverzeichnis

Dieses Buch gehört zu einer Kochbuchreihe, die die beliebtesten Themen aus dem Bereich „Essen und Trinken" aufgreift. Sie erhalten die Titel überall dort, wo es Bücher gibt.

Sie finden uns im Internet: **www.falken.de**

Dieses Buch wurde auf chlorfrei gebleichtem und säurefreiem Papier gedruckt.

Bei diesem Buch handelt es sich um eine überarbeitete Ausgabe des bereits unter dem Titel »Pizza« (Nr. 1983) erschienenen Buches.

ISBN 3 8068 2732 X

Umschlaggestaltung: Peter Udo Pinzer
Gestaltungskonzeption: Christa-Johanna Gramm
Redaktion dieser Auflage: Birgit Hinsch
Umschlagfotos: vorne außen und hinten: **TLC-Foto-Studio GmbH**, Velen-Ramsdorf; vorne innen: **Studio W. Feiler,** Karlsruhe
Fotos: FALKEN Archiv
Produktion: VerlagsService Dr. Helmut Neuberger & Karl Schaumann GmbH, Heimstetten
Satz: Fotosatz Völkl, Puchheim
Druck: Appl, Wemding

817 2635 4453 6271